AF358763

ANESTESIA

JUAN JOSÉ CLEDERA RAYÓ

ANESTESIA

EXLIBRIC

ANTEQUERA 2020

JUAN JOSÉ CLEDERA RAYÓ

ANESTESIA

Prólogo

Este es un libro que pueden leer desde los adultos más experimentados en la vida hasta el adolescente que acaba de experimentar su primera relación con otra persona. *Anestesia* se centra en eso, en una etapa dura de mi vida. Algunos ya la habrán vivido y otros apenas estarán entrando en dichas aventuras. No voy a describir mis aventuras ni os voy a contar falsos cuentos que puedan ilusionar vuestras cabezas. Aquí podréis encontrar cada uno de los sentimientos con los que me he cruzado a lo largo de la adolescencia y que, por un motivo u otro, decidí plasmarlos en un formato como este.

La gente tiende a asentir y superar los hechos; yo no los dramatizo, pero sí escribo todo acerca de ellos. Soy más de llamar a la tormenta para escribir que de rezar para que llegue la calma. Cada uno es como es.

Por un lado, me gustaría decir que podría haber extendido el libro unas cincuenta páginas más, pero me limité a hablar sobre tres aspectos en concreto: el primero es el desamor. Todo ser humano lo ha vivido. Y si no lo habéis vivido aún, vais a leer el mío. No es algo malo; yo lo veo como un aspecto muy positivo. Con ello te haces fuerte. El segundo es la pérdida de un familiar o de amigos (humanos, caninos o cualquier ser vivo con el que te identifiques; el mío fue una perrita muy hermosa). Y el tercero es nuestro querido tiempo.

10

Espero que, de alguna manera, os lleguen los textos como me han llegado a mí. Los que más me hicieron sentirme vivo están aquí escritos.

I

Los siete primeros textos son las letras de mis inicios en el mundo de la música —en concreto, del rap—. Me han salvado tantas veces la vida que me ha gustado hacerles este pequeño homenaje a mis primeras letras. Unos serán más elaborados y otros más de «aquí te pillo, aquí te suelto».

Todos siguen una estructura en concreto, un sentimiento. Supongo que cada uno de nosotros tiene un *hobby* o una pasión, que ejercemos cuando sentimos presión en las alturas, cuando todo aprieta y nada salva. Esto fue el tubo de escape que sacó todo el humo de mi combustión por los aires.

.

CADENAS LIBERALES

Surcaste los siete mares en busca de una bella sirena,
te llevaste varias decepciones y viste que no mereció la pena.
Empezaste a desconfiar de la gente
y a pensar con dos dedos de frente,
jurando que no volverías a enamorarte.

Seguías pensando en aquella sirena,
pero sin ser consciente llegó ella,
una chica normal de sonrisa a medias
que rompería todos tus esquemas.

Y naufragaste sin saber a dónde te dirigías,
llegando a un puerto que jamás abandonarías.

Esto no es un uno contra uno, es un nosotros,
que hacemos lo imposible juntando nuestros ojos.
Quiero que me cojas de la mano y sigamos el camino,
que juntemos nuestros cuerpos, formando un único sino…
Tú y yo, piénsalo.

Que tú eres el fruto de mi inspiración,
la que cada madrugada cura mi resacón
con un beso o una caricia y una mirada,
la que me hace soñar cada noche en mi almohada…
Entre tu piel y las sábanas, algo increíble.

Buscando una forma diferente, entre tanta tormenta y tempestad,
de convertir estas ruinas en algo grande, con más claridad.
Que quiero que seamos guerreros con escudo y lanza,
que nos matemos a besos en medio de esta danza.

Déjame renacer, pero esta vez contigo y encima de tu pecho,
que tu perfume eleve mis fuerzas más allá de este puto techo.
Ahora les creo cuando dicen que el amor es ciego,
pero me da igual… Solo de ti depende mi ego.

No estaba preparado después de tantas derrotas,
pero te das cuenta de que encerrarse en uno mismo
y no arriesgar solo sirve para perder oportunidades.
Y sabes que nada es eterno, pero es mejor disfrutar
que estar pensando siempre en un maldito final.

AMOR O VICIO

Me asomo por el borde de mis versos,
acecho acojonado por si esquivas uno de mis besos.

Hay quienes sufren por amor,
hay quienes sufren por adicción.
A los que sufren por amor les doy mi bendición,
a los que sufren por vicio que les reviente el corazón.

Es acostarse y empezar a temblar,
esa puta presencia te empieza a susurrar.
Acurrúcate a mi lado y guárdame del frío.
Cógeme fuerte, porque te digo que ya desvarío.

Me despierto preocupado cada madrugada
y escribo hasta que la luz ilumina mi ventana.
Será que quiero esa dichosa rosa,
que pienso solo en esa y no en cualquier otra cosa.

Apenas he tocado ficha y sigo esperando en mi casillero
a que decidas si tirar los dados y dejar actuar al caballero.
¿O prefieres retroceder por si te ha llenado el miedo
para volver a esperar otro puto invierno lleno de jaleos?

La desventaja de ir a por lo de dentro es que llega a conocerte,
sabe lo que pierde, llegas a creerte que todo dura para siempre.
La desventaja de ir a por la única noche es que a lo mejor te pillas

y, claro… Ándate con ojo, que a la mínima te rompe.

Lo darías todo por una chica que te devolviese a las nubes,
una piba que haga que despiertes.
Te matarías por despertarte con su cabeza sobre tu pecho
y que poco a poco te susurrase que te relajes, que ya está todo hecho.

Mucha estupidez junta: se quieren, pero no se abrazan;
se quieren, pero no se lo dicen, no se besan.
Eso no es amor.

Llama amor a las personas que luchan por su distancia
y a la vez entre ellos se creen…
Entre ellos se creen.

Mientras ella lo hace con otro en un hotel,
tú lo recuerdas y ves que vuestro amor fue de papel.
No quiero que te vayas con otros,
quiero que me mires solo a mí con esos bellos ojos.

«Hay personas que se odian porque un día se quisieron».
Les dijeron que se cuidasen y de cuidarse carecieron…
Y de cuidarse carecieron.

ESQUEMAS ROTOS

Por los que me ayuden en los baches,
por los que se lleven estas nubes grises,
por los que se lleven los problemas con la brisa,
por los que me cuiden con su mejor sonrisa.

Por los que hagan este tramo recto
miro hacia adelante; hacen lo correcto.
A los que se fueron les saco mi odio,
aprieto los dientes, me desahogo con el folio.

Tengo gente lejos y gente cerca.
Siempre fiché a los que se me acercan.
Los demás se fueron corriendo por la puerta,
llorando, chillando, viendo como todo arde.

No necesitas a nadie que te levante del suelo.
Necesitas que se acuesten a tu lado hasta que te puedas levantar,
una mano que te ayude y te dé consuelo,
una mano que te espere para caminar.

Cualquiera en su sano juicio diría: «Vaya amigo»,
lloviendo por los ojos, jugando conmigo mismo.
Díselo a mi hermano, que estaba a mi lado
agarrándome, pegándole a mi pasado.

17

Ahora todos dan la mano como antaño.
Quise que se pudrieran en el recuerdo de ese año.
Llevé todos los recuerdos a cuestas en la espalda.
A ciegas, la espada.

Nunca fue fácil salir de esta,
los esquemas de amistades rotos encima de la mesa.

HERIDAS DE GUERRA

Las manos en mis hombros y los enemigos tirados por el asfalto.
Aquí subsiste el que todo lo ha superado.
Inspira y aguanta, que los problemas sobresalen del cajón,
así que ciérralo y «un poquito de por favor».

La lírica se esconde entre los arbustos
al tratar de olvidar y de no sufrir más sustos.
Es una rima simple y directa como las flechas.
¿Qué esperabas? No soy ningún poeta.

Solo se defiende el que de verdad quiere.
El que teme lo que se le viene encima, cuidado, que lo pierde.
La línea mantiene la balanza recta,
intentando que las cosas no se me tuerzan.

Sus palabras y mis letras me consuelan
o eso me digo yo con tal de no perder cabeza.

A veces hay que navegar por el mar
como un marinero que no sabe dónde está.
Dicen que al enemigo mucho amor,
pero no me lo creo.
Soy de poner trampa y de cazar al ratón.

Echo de menos a muchas personas que se mantuvieron firmes.
Cuando todo temblaba, dime, ¿dónde estuviste?

Con el corazón colgando de una arteria,
cuando todo temblaba ¿dónde estuviste?
Descuida, no me encontrarás en ninguna acera.
Pienso volver volando en llamas de la trinchera.

Los golpes dejan marcas y a veces heridas,
¿pero sin vallas ni obstáculos qué sería la vida,
más que un tramo largo con bajones y subidas,
donde llevas a cuestas los recuerdos hasta el clímax?

Desde arriba cuidan a nuestras almas perdidas.
Un aplauso para todas esas personitas
que, a pesar de todo, estaban todos los días sin importar nada.
Brindemos por ellas.

UNA PARTE DE MÍ

Escucha a tu corazón, a ver qué sentencia.
Sé tú mismo sin guardarte las apariencias.
Siempre aprendí de las malas experiencias
y a pesar de todo creo en las relaciones a distancia.

Han pasado cinco años y he logrado hacerme fuerte.
Si me viene un problema, procuro darle frente.
A esta chica resulta difícil tumbarla
porque conmigo cerca nadie va a tocarla.

Sé que a veces discutimos por tonterías,
nos peleamos, rabiamos mucho e incluso lloramos…
Me da algo de vergüenza decirlo, pero nos amamos.
A veces nos cansamos de pedir perdón,
pero no hay nada irreparable si existe el corazón.

¿Mi actitud? Lo sé, es para matarme.
Fuiste la única capaz de sostenerme y aguantarme.
Te fallé varias veces y ¿sabes qué?
Con tu empeño al final, con el tiempo, lo logré.
Me costó mucho, pero lo conseguí y lo dejé.

Sé que después de ti no hay otra igual,
así que caminemos sin mirar atrás.
Cierra los ojos y que les den a los problemas.
Si es contigo, nada importa.

El caso es aprovechar, que la vida es corta.
Esfuérzate y verás como al final lo logras.

Bajo el mismo sueño, bajo el mismo cielo.
Amanecer a tu lado es todo lo que quiero.
No pudieron los días, no pudieron los kilómetros.
Sigo de pie mientras me vea en tus ojos.

Hallar un principio, perder el fin por ahí.
Esto trata solo de una pequeña parte de mí.
Dime cuántos se emparejan con dieciocho años.
El amor se echa a perder, ya no es como antaño.

Ya lo dije desde un principio:
mi corazón es de los más clásicos,
de los que se asoman al ver un precipicio,
de los que lo arriesgan a sabiendas de perder el partido.

Hoy en día la gente conoce el precio de todo y el valor de nada.
Quiéreme, con eso me basta.
No pido pasta, que la muerte diga basta.
El amor es el que nos alza.
Escucha a tu corazón.

ESCRIBO

No vengo en busca de elegancia,
pero si quieres te enseño el poder de mi fragancia.
Sigo el ritmo que captan mis oídos y mis latidos;
lo llamo sentirse vivo, sentirse entero.

Respiro, me centro en mí mismo.
Necesito mis argumentos en un momento muy preciso,
sin juegos de palabras.
Tengo el pecho dispuesto a parar tus balas.

Escribo por amor al odio, más por amor propio.
No saco nada ejerciendo presión en un nudo casi roto.
Todo esto es lo que yo sangro;
no lo entiende el resto.

Letras inacabadas, intento tras intento.
Son cosas que mejoran con el tiempo.
Juego demasiado con el tempo.
Esto se disfruta a pecho abierto.

Vivimos en un mundo que se derrumba.
A fin de cuentas, todos bajo tumbas.
Nos queda un rayo de luz y un poco de esperanza.
No camines nunca cabizbajo, tienes más fuerza.

Letras sin bases, bases sin letras.
La maqueta que se me queda a medias.
Suelo con gotas, creo que camino a solas.
Hasta la calma faltan un par de tormentas.

Son simples argumentos, pero con elegancia:

Desnudo mi alma, cual alba a primera hora de la mañana.
Me enseñaron *carpe diem*, no a preocuparme por el mañana.
Tu cultura y la mía son la misma aunque haya interferentes.
Me pusiste intermitentes.

Te mando dos abrazos.
Si necesitas ayuda, no me tires de la mano;
quiero que me jales del brazo.

CARPE DIEM

Las mejores letras están escritas en vendas,
encargadas de tapar esos ojos con ojeras
que caen lentamente de sueño encima de la mesa.
Arrópalos con la manta y un par de promesas.

Yo lo que quiero es verte feliz junto a mí.
Ya, si eso, me encargo yo de hacerte reír.
Ya, si eso, volarás como la alfombra en esa peli.
Ya, si eso, verás que lo importante está aquí.

Solo hay una vida y hay que vivirla,
esquivando los disparos que nos tira,
ya sea con los pies en el cielo
o con ellos sobreviviendo en el suelo.

Si es de consuelo, el corazón inundado de miedo.
Me sacrifico por las personas que más quiero.

El tiempo sigue y todo se agota.
Como el agua formando las gotas,
preparándome, me pongo las botas.
Siempre dije que iba a por todas.

Voy a fuego, olvídate del resto.
Aprendí *carpe diem*, lo llevo en el pecho.
Recuerda: las cosas de palacio van despacio
y despacio llegarás a tu querido palacio.

II

A partir de aquí no hay más canciones, pero los textos siguen la misma fórmula: sentimientos + presión = desahogo.

$$S + P = D$$

DESPISTE

Fue como una ventisca, calado hasta los huesos.
Me acuerdo, se me nubló la vista mientras apareciste en la pista,
magnífica.

No sé si mi pasado se merece ser representado; yo lo necesito.
Solo sé que me fallaste, que me jugaste mal. *All-in*.

Me dijeron que las relaciones a distancia nunca acaban bien,
pero ¿qué le vas a contar a alguien que emprende como arma la fe?
Ahí fue cuando empecé a abrir los ojos,
a saber que nada es tan de color como parece,
que existen los días grises,
que, sin más, jugamos al despiste.

MÚSICA

Con cada nota, con cada pista musical, con cada letra,
somos capaces de sentir un escalofrío,
una sensación que lentamente recorre nuestra espalda.
La magia que desprende llega como si de un susurro se tratara.

Llega y me calma, se marcha y me aterra.
Mi atrapasueños en el cabezal de la cama.
En las noches frías es quien me abraza,
mi guía, mi ángel de la guarda.
Purificas los males cuando entran por la ventana,
la esperanza que cesa tras tocar el alma.

MANOLO

Una llamada que te alegra el día, un detalle, vernos de vez en cuando (que fueron más bien dos días, pero ¡qué dos días!).

No me había sentido tan lleno desde hacía mucho tiempo; no había conocido mejor manera de distraerme, de recuperar el tiempo, de conocernos más a fondo. Querido tío Manolo, esto va por ti. Por todo lo que hiciste por mí estando en la otra punta del país, por la sorpresa que te llevaste al verme, por la ilusión que nos hacía estar juntos dos días que nos hicieron vivir. Fue como… No sé, como un grito de felicidad de un niño pequeño al recibir en un regalo el juguete que más deseaba.

Para mí fue un deseo cumplido el poder conocerte con más conciencia, con más control sobre uno mismo. Quería decirte tantas cosas. Por ejemplo, que me arrepiento de no haber disfrutado contigo cuando era pequeño. Te lo conté tantas veces por teléfono… Por ese motivo vine a verte. Vine porque eres y serás siempre mi tío favorito. Tal vez lo que estuvimos juntos fue muy poco tiempo y tal vez no pueda explicar lo mucho que te quiero, lo mucho que te echo de menos, lo mucho que quería volver a verte de nuevo a finales de este verano. Te lo prometí.

Me faltan palabras para agradecerte, me faltan experiencias junto a ti, me faltas tú. Estés donde estés, quiero que sepas que es aún imposible de creer. Me has ayudado a crecer, a tener más fe en mí mismo, a impulsarme con mi música, a seguir mis redes sociales para saber de qué hablaba en mi música, a darme apoyo cuando más lo he necesitado. Fuiste un grito que nunca supe callar, un tío del que siempre fardé. Así que ahí va: no sé dónde estás, sigo sin entender por qué tuviste que marchar. Solo espero que recuperes tu paz. A veces son los mejores los que se van.

Sigo creyendo en la humanidad, sigo pensando que somos nosotros quienes nos ponemos piedras en el camino, que tu querido Señor de los cielos no es quien decide el destino de los hechos que nos atan a nosotros mismos, que las máscaras que nos ponemos son puro disfraz aunque nos ayuden a creer, a crecer. Yo sé que tú viviste como quisiste ser, como decidiste disfrutar, sin necesidad de perecer.

Tronco, te echo de menos.

A LA MIERDA

A la mierda todo aquel que vino a cerrarme las heridas
y quiso dejarme con las manos vacías.
A la mierda todas esas promesas
que llegaron vestidas de mentira.

A la mierda el tiempo que nos puso la vida patas arriba.
En mis planes ya no entra nadie que no sepa cuidar un alma
perdida.
De tanto beber acabamos borrachos, bailando en la retina
del otro bajo un sol que ya no brilla.

Todas las palabras acaban siendo flechas que atraviesan mi pecho.
A pesar de ello, abrazo a mis miedos hasta que llegue mi lecho.

POR OTRO DICIEMBRE

Hoy, 10 de diciembre de 2018, cumplo veintiún años y, con ello, siento que debía escribir algo dedicado a toda persona que ha permanecido en cada luz de alba, en cada ocaso, en cada incendio apagado, en cada llamarada, en cada intento de querer levantar las alas.

Por capricho, la vida a veces nos pone entre la espada y la pared, nos ofrece circunstancias que se resumen en luchar o correr, en aguantar, en perecer. También las hay de regar y florecer. Y yo sé que aquí siempre he tenido un hombro en el que llorar, una mirada en la que ver la felicidad, una sonrisa en la que he podido reír, una mente en la que olvidar, dejar fluir; un corazón en el que sentir.

Los errores los llevo dentro, marcados, fijados, subrayados, como un navío en la tempestad, como un corredor apretando el gas, pasando de largo el semáforo en ámbar, algo de qué escapar. Lo sé, a veces soy difícil de manejar.

Juntos hemos esperado a que nos llamara la calma de pie, sentados o en la cama. El tiempo fue crucial y vuestros brazos, la cura para la enfermedad.

Al fin y al cabo, entre otras cosas, amigos, amigas, formáis la recta en este camino, la estrella que seguir si siento que estoy perdido.

Por otro año, por como lo hacíamos antaño.

Por las noches de frío, por evitar que me congele con tanto vacío.

Por los viajes, por un toque de fe que llena la colmena como un enjambre.

Por ese juego que ha creado este lazo, por dejarme permanecer a vuestro lado. La vida sabe que nada es para siempre, pero ya sabéis: por otro diciembre.

ZARPAR

Me escapé, me olvidé de llamar al tiempo. A veces me pregunto por qué, si no hay mal que invada todo este cuerpo. He acabado por encontrar la paz en un mundo de incertidumbre que, sin más, estalla sin previo aviso; guerras que destruyen familias y todo lo que un día vivimos. ¿Y qué hay de todo lo que deseamos? ¿Acaso lo hemos olvidado? Solo sé que vivo por mí y por rellenar todo lo que un día fue…

«Zarpar sin rumbo hacia la mar por la necesidad de tener que escapar».

MÁS ALLÁ

Más allá de los pilares de un pentagrama, más allá del tiempo, más allá de la distancia. Más allá del todo. Más allá.

Los focos que se apagan cuando se abre el telón, cuando empieza la función. Como un grito de fuerza que cierra todas las puertas, que pone patas arriba al desorden, lo corrompe, lo destroza.

Tan lejos y tan cerca, como enero y diciembre.

DE CORAZÓN SENCILLO

Días de infortunio, noches donde un paisaje desierto todo es turbio. La luna, tú y yo; mi caos, su belleza y su ruido. El lobo y sus aullidos pidiendo auxilio. Un luchador en exilio.

Mi alma es un campo de espanto, curar heridas a base de palos, los cuervos y su nido. Mis miedos y sus dudas impulsan al suicidio. No sé si me vacío cada vez que te escribo o si revivo todo lo que un día vivimos.

Un incendio provocando un estallido. Ya no caben letras en sus estribillos. Ya lo sabes, chico simple de corazón sencillo.

ENERO

Querido enero, empezamos besando gloria, acabamos mordiendo
derrotas. Yo solo te dije que estaba de paso y acabaste por agarrarme
por completo el brazo. Qué desastre, ¿eh? Qué desastre. Sabes que
si me lías acabaré por eternizarte.

Cuídate; yo estaré bien, aunque lejos de lo que se prometía.
Después de todo soy distinto, de corazón sencillo.
No sé cómo hacerlo, pero ya son las cinco.
Miro al espejo y aparece otro tipo;
dice que cambie o que el tiempo acabará conmigo.

Lo tengo asumido, no soy el mismo.
No viviré para siempre, pero recordaréis bien lo que he sido.
Celoso hasta el ombligo, chico. Eso era donde yacía el nido.

Las mariposas al final volaron
con la herida abierta y los cristales aún empañados.
No sé si limpiarlos o volver a por tus labios.

El mundo me mira con ojitos de que lo he roto.
Yo lo miro con los de que es demasiado pronto.

Ya tengo la bala y la pistola, igual que un suicida.
Prométeme que harás que se dé cuenta antes de mi partida.
No está lejos, ya compré el billete de ida.
En esos ojitos mi huida perdido; perdida
mi alma grita sin saber qué será de ella en esta vida.

37

Ya aceleré, aunque a veces llame Nostalgia y yo piense en volver.
De todas formas, un beso y un para siempre
por si decides no formar parte de mi huida.

TRONCO

Ambos solíamos llamarnos mutuamente «tronco», ¿recuerdas? Pasaron más de diez años antes de que nos volviéramos a ver, pero nunca faltó el contacto. La última visita fue la mejor, sin duda; sin vergüenza, sin esconder nada, a flor de piel.

Es el mejor recuerdo que me llevo de ti y espero que tú te hayas llevado alguno mío, alguno de los dos juntos. Cuídame desde arriba, que yo te cuidaré en mi memoria para siempre. Cuando llegue mi hora lo celebraremos los dos juntos sin hielo, a palo seco. Un brindis por haber sacado lo mejor de mí el poco tiempo que pudimos estar. Un brindis por siempre estar.

TAN LEJOS Y TAN CERCA

Tú, que eras tan poeta; yo, tan de quitar las medias.
Yo, tan de zarpar a ciegas; tú, tan de calmarme las tormentas.

Decías que me mojara a sabiendas de que el agua del mar
escuece en la herida, pero que luego cicatriza;
que ponga un poco de sal en esta vida,
que me la juegue bailando con la muerte mirándome a escondidas.

En mi último juicio aparecerá tu nombre.
«Tan lejos y tan cerca, como enero y diciembre».

NUEVE

Una planta no puede vivir sin su raíz,
una herida persiste si deja cicatriz.
Si cierro los ojos siento que no soy de aquí.
Me faltan tantas cosas por decir…

Que me aterra que mi ser se aleje de mi mente,
que cuando nacemos firmamos un pacto con la muerte,
que nos mira a escondidas si me pide que baile,
que no se aleja aunque recorra tu espalda en braille.

Con la mirada triste y la sonrisa en ámbar
alterno futuros lejanos a esta galaxia.
Con los ojos cerrados y el pecho abierto
dime que se puede soñar estando despierto.

Mi mente en blanco puede tocar el cielo.
Si crees en mí, juro que me elevo.
A tu lado es que no le temo ni un pelo,
puedo tocar el cielo con la yema de mis dedos.

Te he pensado tantas veces…
De corazón sencillo, de mente diferente.
Lejos del círculo vicioso de toda esa gente, ¿no me entiendes?
Fiel a unos pocos; el resto desaparece.

Cuando caes o como cuando llueve
están por mí y eso es lo que me conmueve,
sin saber dónde meterme si veo que aparece.
No quiero nada que ver con ese 9 de noviembre
aunque me mienta y sucumba a la fiebre.

LA MAGIA DEL MAR

Lejos de la costa, mar adentro, donde el humano es incapaz de descubrir los secretos que yacen en lo más profundo. Es ahí cuando lo entendí.

Decides ser libre por algún motivo y es por ti mismo. No importa lo mucho que haya dolido ni lo mucho que sangraste. Lo que importa es que sigues vivo a pesar de llevar los puntos abiertos, siendo incapaz de meter ese último punto final.

La brisa del mar, el tacto de tu esencia después de dar el paso, de haber saltado al otro lado. Eso es lo que te hace ser risueño, libre, fuerte. Tan fuerte como las rocas que resisten los impactos de las olas. Pero no olvides que hasta las rocas más duras se rompen.

LA ESENCIA

Todo empieza por algún motivo.
No hay excusa que salve al acusado de su testigo.
Todo empezó lejos del bosque del ocaso,
todo termina hurgando en la herida, retomando viejos pasos.
Dicen que uno siempre vuelve donde se sintió a salvo,
entre unos brazos y unos labios que no hacen daño.

Algo me decía que me iba a estrellar,
a sabiendas de que tu esencia me hacía brillar.
Te quiero, pero ¿yo que sé?
Lo bueno es adentrarse en el sendero de tu piel
sin saber cuándo vas a perderte, a perdernos,
a romperme, a rompernos.

Pero tampoco sabes cuándo será la última vez que abraces a tu viejo,
a tu perro o a tu abuelo.
La esencia de vivir destaca sobre el resto.
Consiste en abrazar a tus miedos, a tu dolor,
en abrazar pasiones rotas sin acabar hecho pedazos.
Esto me lo enseñaste tú.

Cada día que amanece me lo recuerdo.
Tal vez por eso sonrío por fuera, pero lloro por dentro.
Somos almas perdidas, todos nosotros.
Tu cuerpo y tu mente te mantienen
y nadie sabe si realmente estás despierto.

No sé si existe el destino.
Solo sé que somos esclavos de lo que amamos,
de lo que somos y de lo que decimos.

Tampoco creo en la suerte.
Creo en mí y en que somos viajeros,
pasajeros como el tiempo.

Ahora dime:
¿cómo te gustaría que fuesen las cosas
antes de ser puro hueso enterrado bajo el cemento?

Atrezo

Gracias por hacerme sentir que yo también puedo,
por ayudarme contra mis demonios cuando duermo,
por acariciarme la espalda con tus dedos.

Llegamos al mundo vestidos con el atrezo,
sin saber que el titiritero es quien maneja esto.
Idolatramos a quienes prenderíamos fuego
si nos enseñaran cómo es el mundo con los ojos abiertos,
si nos enseñaran que un corazón no se paga con dinero,
si nos enseñaran cómo viven ellos a costa de nuestro sueldo…

Podríamos hacer tanto en esta función
si no hubiese guerras, si no hubiese hambre,
pero las utopías quedan lejos si solo les dedicas un par de bailes.
Quedan cerca si te desvías de las vías que sigues.

Somos la nada para el todo y eso es todo lo que seremos.
La música a veces nos recuerda que somos seres de carne y hueso.
Otros dicen que somos lo peor que existe en el universo.
No les culpo, aunque yo nunca fui de romper almas.
Fui más de coser las pérdidas que cayeron.

Y «aunque ya no nos abran fuego, la guerra vive en el soldado».
Nos aplauden tras finalizar un acto.
No acabamos de comprender nuestro rol en el teatro;
sin embargo, debemos actuar sin que sea en vano.

46

Yo solo les pido que no juzguen a este pobre chico
que busca calma en un planeta tan umbrío,
que no hagan caso omiso de las letras que llenan su vacío,
que no omitan todo lo que les llegue a sus oídos.

Si quieren más historias,
lo único que deben hacer es apagar los focos y venir conmigo.

DESGASTE

Lo recuerdo como si fuera hoy, ahora, en este mismo instante. Cerré los ojos, suspiré y al abrirlos todo empezó a arder. En esta tormenta de fuego no hay fénix que bata las alas, no hay flor que no se queme. Como bien me dijo una amiga: «Todo pasa, todo sucede, todo escuece».

El camino se va a hacer largo hasta que cicatricen las heridas. El camino se va a hacer largo si no tengo a quien abrumar con mis pérdidas. Con el cenicero hasta arriba, con la boca seca, casi sin saliva, me atrevo a contar una vez más cómo le besé los pies al mundo, como si no se pudiese llegar hasta lo más hondo, como si ese fuera el límite.

Para mí lo fue. En ese instante lo sentí, me rompí.

YA NO IMPORTA NADA

Sabes que no seré yo el que te diga: «Podemos con todo».
No seré yo quien te pare el mundo para que contemples la belleza
del cosmos.
Me río de todo lo que es estable; todo cambia de un momento
para otro
y no importan los deseos que pidas a cada meteoro.

Ya no se hacen cartas

Me gusta ver la lluvia desde la ventana,
la niebla que cubre las calles por la mañana,
tu olor en mi habitación cuando te marchas.
Cualquier detalle es capaz de cambiarme la cara.

Y yo con esta carga
de querer vaciar el alma,
de verlo todo como en un cuento de hadas
en una sociedad donde ya no se hacen cartas.

¿Y qué esperamos más de nuestra raza
si cada día que pasa a las utopías les damos caza,
disparamos sin miedo ante el terror que nos asalta?
Pero ya sabes que el tiempo es el que pasa sin importar las
circunstancias.

Sé que añoras mi voz cuando miras por la ventana.
O eso creo cada vez que fumo y pienso en tu mirada
firme como un guerrero ante la batalla,
sin miedo a recorrer el sendero que le lleva al Valhalla.

Nunca Jamás

Hay cosas que jamás van a volver;
lo asumí el día que empecé.
Hay cosas que jamás van a volver
como darte un abrazo, verte crecer.

Hay cosas que jamás van a volver,
retroceder como si fuera a renacer.
Hay cosas que jamás van a volver
como Nunca Jamás y Peter.

Despedirse es aprender a crecer,
cómo enfrentarte a tus miedos y dejar de correr.

V

Dicen que un astronauta siempre te va a prometer la luna.
Yo me conformo con no pasar solo las noches más oscuras.
No me detengo ante nada si no eres tú quien apunta
coordenadas en mi cabeza como en cada hora punta.

La distancia me trajo malos tragos, demasiados pasos en falso,
pero en cada agujero negro hay algo que brilla,
una escapatoria, una cuerda, una salida,

unas manos donde poder guardar mi universo,
un alma donde poder borrar todos mis miedos,
unos labios que siempre fueron sinceros.
Lo sé, demasiado para seres de carne y hueso.

Pero ahora sabes a qué saben mis versos,
los secretos que oculto tras cada beso,
lo que siento cada vez que me invaden los cuervos.
Lo que digo es que estoy jodido si te pierdo.

Eres la luz en un bosque muerto,
eres agua en medio del gran desierto.
¿Y lo afortunado que yo me siento?
La brújula que pone norte a un náufrago en pleno mar abierto.

CHASQUIDO

Y aquí sigo,
tan pendiente de cada latido
que me olvidé de que lo más importante está en mí mismo.
Es así de sencillo.

Todo fue como un chasquido,
como una grieta en este castillo
que me he creado a base de aullidos,
que se agrieta al pedir auxilio.

Repito la misma estrategia sin importar el precio.
Al fin y al cabo, es lo que me hace ser auténtico,
capaz de saltar sobre cada piedra que forma este camino.
El humano es el único que repite el fallo dos veces en el mismo sitio.

Y qué caprichoso el destino.
Aunque sigo insistiendo en que no existe lo que llega a mis oídos,
acabo por pensar que el silencio se transforma en ruido
cuando pasas por mi lado y te olvidas de todo lo que di por esos
ojitos.

ACARICIA MIS PENAS

Vivo entre frascos de su aroma.
Hicimos de lo nuestro en Roma
y del amor que no queda, ruina en llamas como Troya.
Pero lo que sea por mi Elena.

Unido a los míos como un enjambre a su colmena.
¿Y qué hay de la reina?
Posición vulnerable ante una estrategia,
invierno interno como en Suecia.

Besa mi espalda y acaricia mis penas.
Ya sabes que cada uno carga su condena.

TODO HA CAMBIADO

Lo miro y veo que todo ha cambiado.
Los días, los años.

Los daños.

Los pasos en falso.

TODO EN EXCESO HACE DAÑO

Pero a veces siento que no llego,
no si llevo este peso agarrado de la mano.
¿Y quién será el norte para este barco?
A veces me lleva al otro extremo; entonces lo aparto.

Así es, todo en exceso hace daño,
de tus labios a tus excesos.
Y yo solo sueño con esto, en esto y para esto.
Dejé claro que nunca fui como el resto.

Le lloro a la luna cada vez que renazco
sin acabar mis textos; es como si me faltara un cacho.
Y yo no soy avaricioso, comparto el pedazo.
Solo quiero saber a dónde llegaré si se derrama el llanto.

Pero a veces escribo en verso
este libro con el fin de soltar el peso.

FLUYE

Hace días que todo fluye, que nada influye.
Quiero que el lobo aúlle,
pero ¿y si el alma huye?
Escribiré todo cuando todo apriete y nada ayude.

Así lo siente,
cambios constantes,
noches latentes,
tarde para cerrar la puerta y tirar la llave.

Que me lleve a los confines de la locura,
que se borre lo escrito acerca de la cordura,
que le dé soltura
cuando la magia es pura.

LUNA

He vuelto a encerrarme conmigo mismo,
a darle cuarenta vueltas al laberinto.
Demasiado sencillo, así que lo complico.
Siempre se repite el mismo ciclo.

El barco a la deriva al final toca la tierra.
La tripulación no es la misma tras pasar el arco de sirenas,
ese canto que te ahoga y te deja a ciegas.
Apuesta, aunque sea con la ficha más pequeña.

Tú solo rema;
ya me encargo yo de la corteza,
de abrirte las puertas a la fortaleza.
Me lo desmiente siempre la cabeza.

Sigo cantándole a la luna cuando nadie mira,
la miro con los mismos ojos y siempre brilla.
La musa de mis penas y siempre a mi querida vera.
Queda tanto por contarle con la botella…

Quiero que me baile hasta terminar la cerveza,
que me mire con un poquito de destreza,
que me quite los papeles que guardo en la mesa.
En cada poesía se esconde, se desnuda y me besa.

ENTERO

Dejo la mente en blanco siempre que anochece.
Espera, que no quiero que nada escape.
Fumo y escribo escuchando este *sample*:
decíamos «para siempre», pero te largaste, ya sabes.

Las cicatrices marcan mi cuerpo.
Ahora sabemos que nada es eterno.
La felicidad jamás la compró el dinero
aunque siempre haya alguien dispuesto a reconstruirte entero.

PARÉNTESIS

De noche me pongo los cascos y escribo
solo cuando la luna está conmigo.
Es a ella a quien le canto y le pido todos los deseos.
Estrellas pasaron pocas y falló más de una.

Con ella es algo recíproco:
me baila mientras me desnudo,
es así como casi me lleva al éxtasis.
Te miro a los ojos, abro paréntesis y te cambio la tesis.

LLORÁNDOTE

Vuelvo a estar aquí, llorándote.
Me acompaña la luna otra vez.
Le digo que te quiero, ya ves…
Si te veo aparecer se me van los pies.

Y ya sé que le prefieres a él
y por eso no lo volvería a hacer,
eso de desaparecer.
Te trato como nadie supo tratarme.

Mejor no me digas nada,
déjalo estar como si nada.
Haz como si no te importara
ver que tengo lo que tanto soñabas.

COSA DE DOS

Hasta la flor más bonita se marchita,
es la lección más dura que nos da la vida.
No olvides nunca por dónde vas y pisas.
Aquí solo muere quien se olvida.

Si de verdad crees que crees en mí,
solo tienes que escuchar lo que te voy a decir:
que pase el tiempo y yo deje de latir.
Voy a dejar huella como alguien hizo en mí.

Piso fuerte, sin miedo a dejar de existir.
Somos carne y hueso que se pudren al fin.
En fin, disfruta de todo el que esté por venir
porque este tren va, pero no vuelve aquí.

Siento que abro a la vez que cierro puertas,
etapas transitorias que nunca van rectas.
Avancé por mucho que fuera ciego y a tientas.
Siento que desencajo en un globo lleno de violencia.

Veinticuatro siete con violaciones y homicidios.
No somos conscientes de todo lo que oímos
hasta que nos toca vivirlo.
Sé que nadie va a alzar los puños a grito limpio.

Amar hasta morir como mi abuela,

corazón puro en medio de una tormenta.
Veo cómo los humanos entre sí se alejan.
Mi cabecita ya dándome las vueltas.

Ya no hay por dónde sentarse en este certamen.
Tu inteligencia es igual a la nota de tu examen.
De eso dependes hasta en las redes sociales,
apariencias de seres que ni son reales.

No prometo casas ni luces estelares,
pero conmigo pasarían eternidades y,
aunque no seamos los de antes…
Bah, mis manos recorriendo tus lunares.

Hablan de amor cuando la etapa es tierna,
pero «el amor es cosa de dos hasta tragando mierda».

RESPONDE EL SILENCIO

¿Cómo te cuento mis miedos sin explotar por dentro
si cada vez que canto me derramo como arena entre los dedos?
Sé que no debo si sentirse vivo es el sentimiento más completo.

Te lo dice un ego que dejó de lado los complejos por un momento.

Sé que soy intenso, expuesto a que me dañen de nuevo.
Así soy siempre que quito la coraza que cubre este cuerpo.
Por mucho que corra, él sigue dentro.
Es la luz en este bosque muerto.

Vive conmigo, los dos alejados del ruido.
Palpita susurrando: «No tengas miedo, chico».
Como el cielo no os cuide, pueden darse por jodidos.
Yo no duermo sin un objetivo.

Lo pienso y respiro.
Esta va por todas las veces que os he sentido.
Y si esta copa ya no sube,
si estos calos no me elevan de nuevo a las nubes…

Les siento por dentro aunque no lleve alas.
Puedo conquistarte con cuatro palabras y dos frases mal formadas,
pero se me da tan mal eso de la labia…
Mi abuelo dice que la palabra es la mayor de las armas
y no quiero pensar en el día que me falten sus armas.

La muerte está en todos y eso es lo que me para.
No quiero irme sin dejar marca del chico que hablaba con la mirada.

Imagina cómo me siento en el momento en el que lo olvido.
Es como oler el buen café por la mañana,
levantarse y saber que estás al otro lado de la cama.
TODOS tenemos DRAMAS.

Pero me siguen temblando las piernas cada vez que te veo por la calle,
un *mix* de emociones que hacen que a veces falle.
Os echo tanto de menos…
Os grito a diario, pero responde el silencio.

En estas pieles

No sé cómo empezar esto, así que déjalo.
Dejo la mente en blanco para volar alto.
No me da miedo caer como un pétalo.
Si esto duele, páralo y arráncalo.

He comprendido que para seguir solo he de soltarme.
Pensé en echar el ancla y amarrarme.
Tan solo pensarte, esa fue mi cárcel.
Le cortaron las alas al ángel de tanto rezarle.

Convertir el dolor en arte fue la clave para olvidarte.
Esta espina me dejó en un mundo aparte.
Con tantas canciones y no dejo de sangrarte.
Si comunica, soy yo tratando de llamarte.

Cuando deje esto, creo que será en Armagedón.
Tal vez solo lo tenga en el interior,
una guerra que me nubla y no me deja ver el sol.
Y no quiero seguir así, no.

Quiero sentir como se me mueven los pies,
cogerlo todo y apostarlo al 10.
Si no te quieres a ti mismo, dime, ¿quién lo va a hacer?
Solo cierra los ojos, respira fuerte y ve.

Saqué las emociones fuera de la jaula,
me siento encerrado como un niño en el aula.
Todo cobra vida cuando pongo mi cabeza en pausa,
todo tiene sentido cuando quien habla es el alma.

Hoy ruge la fiera que habita en estas pieles.
Quiero que escuches un poco a mi subconsciente.
No es lo mismo decir que contar historias que sientes.
Siento si con esto aún no logras entenderme.

RARO

Siempre he sido raro,
lejos de cualquier daño.
No quiero más disparos,
te juro que paso.

MISMA DIRECCIÓN

Sigo rumbo en la misma dirección.
No sé cuántas horas llevo sentado en el sillón.
Sabes que conocí de primera mano la traición
y cómo se derrumba la ilusión por desamor.

Escribo bajo todas las miradas que te hielan.
Bajo la lluvia todo se siente aunque te duela
como las respuestas que te dejan de piedra.
No hay pena en una cárcel llena de condenas.

Me obsesiono con lo que hay en mi cabeza.
¿Y qué hay sobre destrozar la naturaleza?
Ese es el problema:
queremos llenar la cartera, pero destruimos el planeta.

Y avanzamos, a pachas o como sea;
vamos a seguir tirando hasta que nadie vea
que el cielo termina donde uno empieza.
Aquí o nos ayudamos o nos vamos bajo tierra.

Sigo rumbo en la misma dirección.
Recuerdo todas las tardes volviendo en el vagón,
dándole vueltas a qué sería de mi vida sin ti, amor.
Veo que todo cambia y que de mi vida ya no eres el motor.

DREAM

Yo siempre supe que debía escapar de ahí,
que si me metía una vez ya no iba a salir.
Y ahora quiero que me escuches un poquito a mí,
porque esto lo pienso cada vez que me subo en el *beat*.

Siempre hay ojeras cuando escribo en luna llena;
ya es costumbre eso de redactar mis penas.
Por eso sé que si algún día te fijas en la letra
vas a entender lo que te dije en letra pequeña:

lo más preciado lo escondes debajo de toda la corteza.

Siempre fui capaz de hablar con la mirada.
Hay gente que te abraza y luego te apuñala.
Mi alma siempre te lo canta, cata la metáfora.
Caí en picado tratando de reconstruir mis alas.

Ya no hay muro que pare esta salvajada.
Te derrumbas a ti mismo cada vez que rajas.
Confío lo justo para evitar hemorragias,
que te tiran para atrás cada vez que avanzas.

Terminando casi a pachas, se me acelera cuando pasa,
pero no soy capaz de no dedicarle unas barras.
Flaco, chulo, guapo; basta con la cara
de pasar, como que ya no importa nada.

Y así es, semana tras semana: nada salva.
Siento que le aúllo a la nada cuando marchas.
Es ese escalofrío que te recorre la espalda
el que te deja en blanco, seco y sin palabras.

Pero aquí tengo todo lo que necesito,
amigos que te apoyan cuando llega el frío,
familia que te dice: «No te preocupes, hijo».
Porque al llegar el invierno todos te van a dar cobijo.

Con veintiuno me hago una idea de la vida, amigo.
Cada cual con su pan, luchando por su ombligo.
O eso me contaban cuando era más chiquillo,
cuando el ídolo que existía en mi cabeza era Ronaldinho.

Me dijeron que era demasiado joven para eso de las faldas,
pero me sentí tonto, cuando razón no les faltaba.
Así es como gasto otra tanda de palabras
que van a tus oídos sin entender nada de lo que hablan.

Tachado

Y cuántas veces lo he pensado:
negar y asentir podría haber cambiado mi pasado.
Cuántas cosas hay entre tus ojos y nuestro lazo.
Esta espina la llevo dentro y es algo que no arranco.

No hay día que no piense en lo mucho que me fallo,
lo que te echo de menos y lo que no dije por miedo a equivocarnos.
Cada vez que salgo me emborracho y tacho
~~todos los renglones en los que tenías guardado un cacho.~~

Todos los días salgo con la cara seria.
El rap es lo que me saca cuando todo aprieta.
Llevo dos años de mucho curro y poquita fiesta.
Me lo callo todo; ya nada es lo que era en esta cabeza.

Me da miedo aceptar que me dejaste tan tocado;
por eso giro la cara cuando pasas por mi lado.
No sé cómo, pero jodimos el candado.
De tanto abrirlo y cerrarlo, normal, se quedó encasquetado.

Y tienes que entenderlo:
esto es la única vía de escape que tengo.
El recuerdo me mata por dentro, aunque ya no lo siento.
Esto del amor acabó por dejarme seco.

Me conmueve sentir que podéis entender mi mala vibra,
que leyendo podéis tocar mi energía.
La música hizo alegría cuando le contabas tus movidas:
alcohol, tabaco y seguir avanzando, cerrando heridas.

Tengo demasiadas emociones tatuadas en este cuerpo.
Solo me repito que jamás seré carroña para los cuervos.
Si se me tuerce, cierro los ojos y respiro con fuerza.
A veces me imagino que me empujas estando a mi vera.

Confieso que pienso en volver a verte (y así fue),
en hablarte, mirarte o quizás solo contarte
que por aquí todo sigue igual.
Algunos más y otros menos; ahora me falta Xispa.

Y no sé, soy lo más fiel a mis valores,
me da miedo decepcionar a quien aguantó todos mis horrores.
Estoy en el punto de no saber qué es lo malo y qué es lo bueno.
Lo escupo todo aquí por si vuelvo a sentirme nuevo.

DESCÍFRAME

Voy dirección al centro,
decidido por tocar el corazón que llevas dentro.
Camino por los arrabales de tus besos,
la línea fina que separa tu mirada de mi centro.

Escribo las palabras que me encuentro.
Dales calor y algo que te alimente el cuerpo.
Fijo que algo aprendes hoy en este texto.
Piensa en lo que sientes por un momento.

Lo que no es mío se lo ha llevado el viento.
Que todo sane es cosa del tiempo.
Los que te rodearon te dejaron cuando estuviste con el agua al cuello.
Asiente con la cabeza y dime que estoy en lo cierto.

Yo solo intento ser yo mismo.
Escribo estos versos haciendo malabarismo,
el corazón presente y la mente en el abismo.
Si no nos ayudamos es normal que no crezca el trigo.

Mis palabras en un constante equilibrio.
La consonante que buscas está en otro sitio,
pero antes va la vocal que encontrarás en este escrito.
Amigo, gracias por arroparme cuando hacía frío

o cuando estuve falto de tacto y me diste abrigo.
Dame un segundo, que voy a ser más conciso:
el mensaje que buscas viene descrito por esta frase.
Lee hacia abajo y no descuides tu equipaje.

Antes iba en busca del acorde.
Martes 13 es un complejo laberinto en desorden.
Otros no se acuerdan de cuando íbamos al cole.
Raro fue, pero por hoy todos mis asuntos en orden.

ME LLENAS

Lo que no dije fue que me llenas a la vez que me vacías.

XISPA

Aún estoy asombrado sobre el día que llegaste a casa. Yo no me lo creía. Me desperté a eso de las 00:00 con las voces de mi madre. Me acuerdo a la perfección. «Quieta, ya está. Cálmate. Vamos, cálmate». Ella estaba en el baño que había en ese entonces delante de mi habitación. Yo abrí la puerta y me pidió cerrarla deprisa. Al salir me explicó que mi padre la había llevado a casa. Tenía dos meses casi exactos.

Estuve dos horas con ella, jugando en el suelo, y a la mañana siguiente no dejé de estar a su lado. Mi miedo era simple. El piso era de mi abuela y no quería animales de compañía. Yo sabía que íbamos a discutir para que se quedara. Así que, abuelo, le voy a estar eternamente agradecido por convencerla de que se quedara con nosotros. Nunca, nunca, nunca lo voy a olvidar.

Y así fue. Pasaron los años y hacía de las suyas. Era un cachorro; tenía ganas de jugar.

Si pudiese volver atrás, sin ninguna duda, me quedaría en bucle con dos momentos. El primero y el más vital es el día que te llevé en coche hasta la playa. Viniste a mi lado todo el camino, gozando por la ventana de las vistas. Me mirabas con alegría y no parabas de darme besos. Es el recuerdo que me llevo y que espero que te hayas podido llevar contigo. El segundo es el día en el que te enseñé a no subirte a mi cama. Ahora mismo regalaría todas y cada una de mis pertenencias por pasar una sola noche contigo a mi lado.

Te echo tantísimo de menos que no podía faltar una canción hacia
tu ser, hacia tu bondad, hacia tu lealtad. De mi alma para tu estrella.

Quedan muchas lágrimas por contarte lo que siento.
Siempre caen cuando te pienso.
Los cristales se empañan como mis párpados.
Ya no dura lo que duraba antes un sábado.

Abría los ojos y estabas a mi lado.
Muchas mañanas me desperté contigo en el cuarto,
encima, en los pies o simplemente en el suelo.
Por la noche has calmado cada uno de mis miedos.

Precisamente por eso hoy te dedico un pedacito de cielo
sin visitas y es la canción más bonita que tengo,
una de esas que se viven en el recuerdo,
una de esas que laten bajo el pecho.

«Cuando la ropa me olía a delito,
tú siempre me miraste con los mismos ojitos».

Recuerdo cuando fuiste cachorro y me rompiste los calcetines,
cuando jugabas con mis zapatillas como si fuera yo con el *spider*,
cuando corrías y me mirabas pidiendo que te pille,
cuando me movías la cola al volver a casa cada finde,
esas tardes de lluvia en las que te me tirabas encima.

No lo sabes, pero yo sonreía,
adoraba acariciarte mientras dormías,
adoraba cuando te despertaba aposta y me lamías.

Recuerdo el día que te trajimos compañía.
Sé que en un principio pensaste que ya no serías mi niña.
Ella aún te piensa y sé que no me equivoco.
Dejaste un vacío muy grande, que me sabe a poco.

El tiempo que pasamos y que poco disfrutamos.
Daría mi vida por pasar diez minutos a tu lado.
Quiero que me cuentes qué tal es estar ahí arriba,
si puedes correr, si tienes la suficiente comida.

Me alegro de que te hayas subido en mi coche,
que hayamos vuelto de noche,
que confiaras en este hombre,
que hayas encontrado mi paz entre tanto reproche.

Se me quedan cortas las palabras y muy largas las heridas.
Por aquí no hay nadie que haga que sonría.
Ando serio todo el día.
Ven la fachada, pero muy pocos lo que hay detrás de mi cara.

No nos pudimos despedir
y yo ya sabía que tu hora se acercaba.
No dejaba de repetírmelo y de preocuparme por ello,
así que te dediqué estas palabras.

No olvides nunca que este siempre será tu hogar.

Anestesia

Escribir siempre ha sido apretar los dientes y gritar por dentro,
apretar los puños por no decir lo que pienso.

Escribir ha sido llorar, flotar, reír y, sobre todo, sentir.

Escribir ha sido crecer, caer y levantarse.
Escribir ha sido ver llegar personas nuevas,
ver marchar a quien se ha cansado de tanto desastre.

Escribir ha sido la medicina perfecta para la enfermedad mortal
de mi pecho.
Escribir ha sido ver cambios muy grandes en mí mismo,
más sabiendo que debía cambiar la actitud o, al menos, ponerle
remedio.

Escribir me ha dado tantas veces la salida a mis problemas
que al final es donde apuesto.

Me ha ayudado a pasar los tragos amargos.
Escribir es anestesia para el cuerpo.

Epílogo

Muchos de los hechos los había visto venir de lejos, pero siempre he sido de escuchar a mi corazón. No me arrepiento de ninguno de ellos. Gracias a eso hoy soy quien soy.

La edad del pavo y la adolescencia son etapas de nuestras vidas por las que todos hemos pasado (y si no, las pasaréis).

El día que decidí escribir (ya sean canciones o textos) sentí que se me aligeraba el alma. Algunos textos, como *Cadenas liberales*, llevan escritos desde 2016 y otros llevan horas, como el de Xispa, que lo he finalizado hoy (05/12/2019) a las 23:45. Todos han tenido la misma función, hacer memoria de alguna cosa o de alguien y desahogar mis penas. A día de hoy tengo la luz del final del túnel enfrente de mis ojos, a un paso de cruzar la senda, y la sensación de soltar el peso y dejar que caiga sienta muy, pero que muy bien.

Espero que hayáis disfrutado de la breve lectura de mis pequeños sentimientos, que a veces hacen que uno se encierre como una barrera de hierro.

Agradecimientos

Primero de todo, me gustaría dar las gracias a mi familia. Siempre han estado al pie del cañón, han estado pendientes de si estaba o no de bajón y ha sido confortable tenerles a mi lado con cada una de las penas que hemos vivido juntos.

En segundo lugar, agradezco a pecho abierto a mis amigos. Nos hemos visto más veces o menos por la distancia que nos separa, pero nunca habéis dudado de mí y tampoco habéis dudado en coger el coche, venir a mi casa a dormir o simplemente pasar el rato conmigo. Largas charlas cayeron. Esos momentos me han dado muchas fuerzas.

En tercer lugar, agradezco, arrodillado y con las manos al aire, a Ønly Cry. Es una comunidad de jugadores —nos conocimos la mayoría en *World of Warcraft*—, con la que he tenido el placer de jugar exactamente ocho años. Con algunos de ellos he salido de fiesta, he llorado en sus hombros, me han ofrecido trabajo, me han incluido en su círculo social y me han dado cobijo cuando la tormenta era más grande que el cielo. Es un simple juego y no me cabe duda, pero la energía y las risas que me han dado unos cascos con micrófono y conexión a internet son gracias a ellos.

En cuarto lugar, agradezco a la gente que me sigue en mis redes sociales. Aunque sean meros conocidos, me han demostrado un apoyo bestial tanto en el proceso de cantar como en el de escribir este libro. Sin palabras.

En quinto lugar, a todas esas personas que me han brindado ánimos cuando me han hecho falta. Miles de horas en clase, atado a una silla, cuando realmente lo que necesitaba era escapar. Habéis charlado conmigo, me habéis apoyado, me habéis animado a dar el siguiente paso. No habéis dudado siquiera en abandonar la fila. Por ello, un abrazo enorme para todas vosotras.

En sexto lugar, a los lectores. No me hago una ligera idea de a cuántos lectores va a llegar este pequeño libro, pero muchísimas gracias por atreveros a leerlo hasta el final. Un beso para cada uno de vosotros.

Por último, agradezco a mi hermano Xisco, que me ha dado una energía y unas fuerzas descomunales, unas ganas de vivir y seguir adelante que han sido claves para llegar donde he llegado hoy. Qué suerte la mía. Estoy donde estoy y es gracias a ti.

Índice

www.ingramcontent.com/pod-product-compliance
Lightning Source LLC
La Vergne TN
LVHW040205180726
843489LV00007B/2696